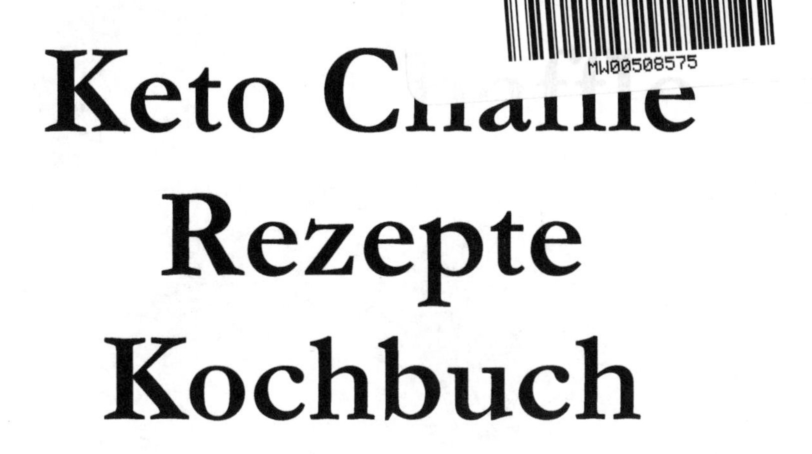

Keto Chaffle Rezepte Kochbuch

Eine Anleitung Für Anfänger Zum Genießen Von Leckeren Gerichten Aus Der Heißluftfritteuse, Um Gewicht Zu Verlieren Und Gesünder Zu Leben

Brenda Moore
Bertha Werner

dass der Autor unter keinen Umständen für direkte oder indirekte Verluste verantwortlich ist, die durch die Verwendung der in diesem Dokument enthaltenen Informationen entstehen, einschließlich, aber nicht beschränkt auf , – Fehler, Auslassungen oder Ungenauigkeiten.

Inhaltsverzeichnis

Rezepte

Schokolade schmelzen Chaffles

Zubereitungszeit: 15 Minuten Kochzeit: 36 Minuten Portionen: 4

Zutaten

Für die Spreuen:

- 2 Eier, geschlagen
- 1/4 Tasse fein geriebener Gruyere-Käse
- 2 EL schwere Sahne
- 1 EL Kokosmehl
- 2 EL Frischkäse, weich
- 3 EL ungesüßtes Kakaopulver
- 2 TL Vanilleextrakt
- Eine Prise Salz

Für die Schokoladensauce:

- 1/3 Tasse + 1 EL schwere Sahne

- **1 1/2 oz ungesüßte Backschokolade, gehackt**
- **1 1/2 TL zuckerfreier Ahornsirup**
- **1 1/2 TL Vanilleextrakt**

Anfahrt: ***Für die Spreu :***

1. **Das Waffeleisen vorheizen.**
2. **In einer mittelgroßen Schüssel alle Zutaten für die Waffelnmischen.**
3. **Öffnen Sie das Eisen und fügen Sie ein Viertel der Mischung hinzu. Schließen und kochen, bis knusprig, 7 Minuten.**
4. **Die Waffel auf eine Platte geben und 3 weitere mit dem restlichen** Teig **machen.**
5. **Für die Schokoladensauce:**
6. **Gießen Sie die schwere Sahne in**den Topf und köcheln bei niedriger Hitze, 3 Minuten.
7. **Schalten Sie die Hitze aus und fügen Sie die Schokolade hinzu. Schmelzen für ein paar Minuten und rühren, bis vollständig geschmolzen, 5 Minuten.**
8. **Ahornsirup und Vanilleextrakt unterrühren.**
9. **Die Sohnenauken in Schichten mit der Schokoladensauce zwischen jeder** Schicht

zusammenbauen.

10. Schneiden und sofort servieren.

Ernährung: **Kalorien 172 Fette 13,57g Kohlenhydrate 6,65g Net Carbs 3.65g Protein 5.76g**

Erdbeere Shortcake Chaffle Schalen

Zubereitungszeit: 10 Minuten Kochzeit: 28 Minuten Portionen: 4

Zutaten:

- 1 Ei, geschlagen
- 1/2 Tasse fein geriebener Mozzarella-Käse
- 1 EL Mandelmehl
- 1/4 TL Backpulver
- 2 Tropfen Kuchen Teig Extrakt
- 1 Tasse Frischkäse, weich
- 1 Tasse frische Erdbeeren, in Scheiben geschnitten

- 1 EL zuckerfreier Ahornsirup

Anfahrt:

1. Eine Waffelschüssel vorheizen und mit Kochspray leicht fetten.

2. In der Zwischenzeit in einer mittleren Schüssel alle Zutaten außer dem Frischkäse und Erdbeeren rühren.

3. Das Bügeleisen öffnen, die Hälfte der Mischung eingießen, abdecken und kochen, bis es knusprig ist, 6 bis 7 Minuten.

4. Die Spreuschüssel auf einen Teller nehmen und beiseite stellen.

5. Machen Sie eine zweite Spreu Schüssel mit dem restlichen Teig.

6. Zum Servieren den Frischkäse in die Spreuschalen geben und mit den Erdbeeren auffüllen.

7. Die Füllung mit dem Ahornsirup beträufeln und servieren.

Ernährung: Kalorien 235 Fette 20.62g Kohlenhydrate 5.9g Net Carbs 5g Protein 7.51g

Heidelbeer-Chaffeln

Zubereitungszeit: 10 Minuten Kochzeit: 28 Minuten Portionen: 4

Zutaten:

- 1 Ei, geschlagen
- 1/2 Tasse fein geriebener Mozzarella-Käse
- 1 EL Frischkäse, weich
- 1 EL zuckerfreier Ahornsirup + Extra zum Topping
- 1/2 Tasse Heidelbeeren
- 1/4 TL Vanilleextrakt

Anfahrt:

1. Das Waffeleisen vorheizen.

2. In einer mittelgroßen Schüssel alle Zutaten mischen.

3. Das Bügeleisen öffnen, mit Kochspray leicht fetten und ein Viertel der Mischung eingießen.

4. Schließen Sie das Bügeleisen und kochen, bis goldbraun und knusprig, 7 Minuten.

5. Die Waffel auf eine Platte nehmen und beiseite stellen.

6. Die restlichen Spreuen mit der restlichen Mischung machen.

7. Die Sakel mit Ahornsirup beträufeln und danach servieren.

Ernährung: Kalorien 137 Fette 9,07g Kohlenhydrate 4,02g Net Carbs 3.42g Protein 9.59g

Karotten-Chaffle-Kuchen

Zubereitungszeit: 15 Minuten Kochzeit: 24 Minuten Portionen: 6

Zutaten:

- 1 Ei, geschlagen
- 2 Esslöffel geschmolzene Butter
- 1/2 Tasse Karotte, geschreddert
- 3/4 Tasse Mandelmehl
- 1 Teelöffel Backpulver
- 2 Esslöffel schwere Schlagsahne
- 2 Esslöffel Süßstoff

1 Esslöffel Walnüsse, gehackt

1 Teelöffel Kürbis-Gewürz

2 Teelöffel Zimt

Anfahrt:

1. Heizen Sie Ihren Waffelmacher vor.

2. In einer großen Schüssel alle Zutaten kombinieren.

3. Gießen Sie etwas von der Mischung in den Waffelmacher.

4. Schließen und kochen für 4 Minuten.

5. Wiederholen Sie die Schritte, bis der verbleibende Teig verwendet wurde.

Ernährung: Kalorien 294 Gesamtfett 26.7g gesättigte Fettsäuren 12g Cholesterin 133mg Natrium 144mg Kalium 421mg Gesamtkohlenhydrate 11.6g Ballaststoffe 4.5g Protein 6.8g Gesamtzucker 1.7g

Chaffles mit Keto Ice Cream

Zubereitungszeit: 10 Minuten Kochzeit: 14 Minuten

Portionen: 2

Zutaten:

- 1 Ei, geschlagen
- 1/2 Tasse fein geriebener Mozzarella-Käse
- 1/4 Tasse Mandelmehl
- 2 EL swerve Konditorzucker
- 1/8 TL Xanthan-Kaugummi
- Low-Carb-Eis (Geschmack Ihrer Wahl) zum Servieren

Wegbeschreibungen:

1. **Das Waffeleisen vorheizen.**

2. **In einer mittleren Schüssel alle Zutaten außer dem Eis mischen.**

3. **Öffnen Sie das Bügeleisen und fügen Sie die Hälfte der Mischung hinzu. Schließen und kochen, bis knusprig, 7 Minuten.**

4. **Die Spreu** auf eine Platte geben und mit **dem restlichen** Teig **die zweite machen.**

5. **Auf jeder Spreueine Kugel Low Carb Eis hinzufügen, in Halbmonde falten und genießen.**

Ernährung: Kalorien 89 Fette 6.48g Kohlenhydrate 1.67g Netto Kohlenhydrate 1,37g Protein 5,91g

Chaffles mit Himbeersirup

Zubereitungszeit: 10 Minuten Kochzeit: 38 Minuten
Portionen: 4

Zutaten:

Für die Spreuen:

- 1 Ei, geschlagen
- 1/2 Tasse fein geschredderter Cheddar-Käse

1 TL Mandelmehl

- 1 TL saure Sahne

Für den Himbeersirup:

1 Tasse frische Himbeeren

- 1/4 Tasse Schwenkzucker
- 1/4 Tasse Wasser

1 TL Vanilleextrakt

Anfahrt:

Für die Spreuen:

1. Das Waffeleisen vorheizen.

2. In der Zwischenzeit in einer mittleren Schüssel das Ei, Cheddar-Käse, Mandelmehl und saure Sahne mischen.

3. Öffnen Sie das Eisen, gießen Sie in die Hälfte der Mischung, decken, und kochen, bis knusprig, 7 Minuten.

4. Entfernen Sie die Waffel auf eine Platte und machen Sie eine andere mit dem restlichen Teig.

Für den Himbeersirup:

1. In der Zwischenzeit die Himbeeren, Swerve Zucker, Wasser und Vanille-Extrakt in einen mittleren Topf geben. Bei niedriger Hitze kochen und kochen, bis die Himbeeren erweichen und Zucker sirupartig wird. Gelegentlich rühren, während Die Himbeeren maischen, wie Sie gehen. Schalten Sie die Wärme aus, wenn die gewünschte Konsistenz erreicht ist, und stellen Sie sie beiseite, um abzukühlen.

2. Etwas Sirup auf die Spreu tränken und genießen, wenn sie bereit sind.

Ernährung: Kalorien 105 Fette 7.11g

Kohlenhydrate 4.31g Net Carbs 2.21g Protein 5.83g

Mittwoch Chaffles

Servieren: 24

Zubereitungszeit: 10 Minuten Kochzeit: 55 Minuten

Zutaten

- Kochspray
- 8 Eier, geschlagen
- 7 Tassen Wasser
- 1 Tasse Rapsöl
- 1 Tasse ungesüßte Apfelsauce
- 4 Teelöffel Vanilleextrakt
- 4 Tassen Vollkorngebäck Mehl
- 2 Tassen trockenes Milchpulver
- 1/2 Tasse Mozzarella-Käse, geschreddert

- 2 Tassen Leinsamen-Mahlzeit
- 1 Tasse Weizenkeim
- 1 Tasse Allzweckmehl
- 1/4 Tasse Backpulver
- 4 Teelöffel Backpulver
- 1/4 Tasse weißer Zucker
- 1 Esslöffel gemahlener Zimt
- 1 Teelöffel Salz

Richtung

1. Sprühen Sie ein Waffeleisen mit Kochspray und vorheizen Sie nach Herstelleranleitung.
2. Eier, Wasser, Rapsöl, Apfelsauce und Vanilleextrakt in einer großen Schüssel gründlich kombinieren. Mozzarella-Käse hinzufügen und gut rühren.
3. Vollkorngebäckmehl, trockenes Milchpulver, Leinsamenmehl, Weizenkeime, Allzweckmehl, 1/4 Tasse plus 4 Teelöffel Backpulver, Zucker, Zimt und Salz in einer separaten großen Schüssel verrühren, bis sie gründlich kombiniert sind. Mischen Sie trockene Zutaten in nasse Zutaten 1 Tasse auf eine

Zeit, um einen glatten Teig zu machen.

4. Pfanne 1/2 Tasse Teig, oder Menge vom Hersteller empfohlen, in vorgeheiztes Waffeleisen; Deckel schließen und Waffeln kochen, bis sie knusprig und gebräunt sind, 3 bis 5 Minuten. Wiederholen Sie dies mit dem verbleibenden Teig.

Ernährung:

Kalorien: 313 Kalorien Gesamtfett: 15,9 g Cholesterin: 64 mg Natrium: 506 mg Gesamtkohlenhydrate: 33,4 g Protein: 11,8 g

Ganze Weizen Pecan Chaffles

Servieren: 8

Zubereitungszeit: 10 Minuten Kochzeit: 20 Minuten

Zutaten

2 Tassen Vollkorngebäckmehl

- 2 Esslöffel Zucker
- 3 Teelöffel Backpulver
- 1/2 Teelöffel Salz
- 1/2 Tasse Mozzarella-Käse, geschreddert
  • 2 große Eier, getrennt
- 1-3/4 Tassen fettfreie Milch
- 1/4 Tasse Rapsöl
- 1/2 Tasse gehackte Pekannüsse

Richtung

1. **Waffelmacher vorheizen. Die ersten vier Zutaten zusammenrühren. In einer anderen Schüssel Eigelb, Milch** und Öl zusammenrühren; Mehlmischung unter Rühren unter **Rühren unter rühren, bis sie befeuchtet sind. In einer sauberen Schüssel, schlagen Eiweiß auf mittlere Geschwindigkeit bis steif, aber nicht trocken. Mozzarella-Käse hinzufügen und gut rühren.**

2. **Falten Sie in Teig. Waffeln nach Denkanstoß des Herstellers bis goldbraun backen, Teig nach dem Gießen mit Pekannüssen bestreuen. Freeze-Option: Kühle Waffeln** auf **Drahtgestellen. Zwischen Schichten gewachsten Papiers in einem wiederverschließbaren Kunststoff-Gefrierbeutel einfrieren. Die Waffeln im Toaster oder Toasterofen im mittleren** Rahmen **aufwärmen.**

Ernährung: Kalorien: 241 Kalorien Gesamtfett: 14g Cholesterin: 48mg Natrium: 338mg Gesamtkohlenhydrate: 24g Protein: 7g Ballaststoffe: 3g

Nutter Butter Chaffles

Zubereitungszeit: 15 Minuten Kochzeit:
14 Minuten Portionen: 2

Zutaten:

Für die Spreuen:

- 2 EL zuckerfreies Erdnussbutterpulver
- 2 EL Ahorn (zuckerfreier) Sirup
- 1 Ei, geschlagen
- 1/4 Tasse fein geriebener Mozzarella-Käse
- 1/4 TL Backpulver
- 1/4 TL Mandelbutter
- 1/4 TL Erdnussbutterextrakt
- 1 EL weicher Frischkäse

Für die Frostung:

- 1/2 Tasse Mandelmehl
- 1 Tasse Erdnussbutter
- 3 EL Mandelmilch

- 1/2 TL Vanilleextrakt
- 1/2 Tasse Ahorn (zuckerfreier) Sirup

Anfahrt:

2. Das Waffeleisen vorheizen.
3. In der Zwischenzeit wird in einem Schüssel, mischen Sie alle Zutaten, bis glatt.
4. Öffnen Sie das Eisen und gießen Sie die Hälfte der Mischung ein.
5. Schließen Sie das Bügeleisen und kochen bis knusprig, 6 bis 7 Minuten.
6. Die Waffel auf eine Platte nehmen und beiseite stellen.
7. Machen Sie eine zweite Spreu mit dem restlichen Teig.
8. Während die Sakel abkühlen, machen Sie die Frosting.
9. Das Mandelmehl in einen mittleren Topf geben und bei mittlerer Hitze bis goldbraten.
10. Das Mandelmehl auf einen Mixer geben und mit den restlichen Frostzutaten überziehen. Prozess, bis glatt.

11. **1Die Frostung auf den Spreuen** verteilen und danach **servieren.**

Ernährung: Kalorien 239 Fette 15,48g Kohlenhydrate 17,42g Netto Kohlenhydrate 15,92g Protein 7,52g

Keto Belgische Zucker-Sakles

Zubereitungszeit: 10 Minuten Kochzeit: 24 Minuten Portionen: 4

Zutaten:

- 1 Ei, geschlagen
- 2 EL swerve brauner Zucker
- 1/2 EL Butter, geschmolzen

1 TL Vanilleextrakt

1 Tasse fein geriebener Parmesankäse

Anfahrt:

1. Das Waffeleisen vorheizen.
2. Mischen Sie alle Zutaten in einem mittlere Schale.
3. Öffnen Sie das Eisen und gießen Sie ein Viertel der Mischung. Schließen und kochen, bis knusprig, 6 Minuten.
4. Die Waffel auf einen Teller nehmen und 3 weitere mit den restlichen Zutaten machen.
5. Schneiden Sie jede Waffel in Keile, Platte, ermöglichen Kühlung und servieren.

Ernährung: Kalorien 136 Fette 9,45g Kohlenhydrate 3,69g Net Carbs 3.69g Protein 8.5g

Chaffle Cannoli

Zubereitungszeit: 15 Minuten Kochzeit: 28 Minuten Portionen: 4

Zutaten:

Für die Spreuen:

- 1 großes Ei
- 1 Eigelb
- 3 EL Butter, geschmolzen
- 1 TBso swerve Konditor
- 1 Tasse fein geriebener Parmesankäse
- 2 EL fein gerieben Mozzarella-Käse

Für die Cannoli-Füllung:

- 1/2 Tasse Ricotta-Käse
- 2 EL swerve Konditorzucker
- 1 TL Vanilleextrakt
- 2 EL ungesüßte Schokoladenchips zum

Garnieren

Anfahrt:

2. Das Waffeleisen vorheizen.

3. In der Zwischenzeit in einer mittleren Schüssel, mischen Sie alle Zutaten für die Waffeln.

4. Öffnen Sie das Eisen, gießen Sie in ein Viertel der Mischung, decken, und kochen, bis knusprig, 7 Minuten.

5. Entfernen Sie die Waffel auf eine Platte und machen Sie 3 weitere mit dem restlichen Teig.

6. In der Zwischenzeit für die Cannoli-Füllung:

7. Den Ricotta-Käse und den Zucker des Konditors glatt schlagen. In der Vanille mischen.

8. Auf jeder Spreuetwasvon der Füllung verteilen und umwickeln.

9. Garnieren Sie die cremigen Enden mit einigen Schokoladenchips.

10. Sofort servieren.

Ernährung: Kalorien 308 Fette 25.05g Kohlenhydrate 5.17g Net Carbs 5.17g Protein 15.18g

Getreide-Chaffle-Kuchen

Zubereitungszeit: 5 Minuten Kochzeit: 8 Minuten Portionen: 2

Zutaten:

1 Ei

2 Esslöffel Mandelmehl

- 1/2 Teelöffel Kokosmehl

1 Esslöffel geschmolzene Butter

1 Esslöffel Frischkäse

1 Esslöffel Normalgetreide, zerkleinert

- 1/4 Teelöffel Vanilleextrakt
- 1/4 Teelöffel Backpulver

1 Esslöffel Süßstoff

- 1/8 Teelöffel Xanthan-Kaugummi

Anfahrt:

1. Stecken Sie Ihren Waffelmacher ein, um vorzuheizen.
2. Fügen Sie alle Zutaten in eine große Schüssel.
3. Mischen, bis gut gemischt.
4. Lassen Sie den Teig für 2 Minuten vor dem Kochen ruhen.
5. Die Hälfte der Mischung in den Waffelmacher gießen.
6. Versiegeln und kochen für 4 Minuten.
7. Machen Sie die nächste Spreu mit den gleichen Schritten.

Ernährung:

Kalorien154

Gesamtfett 21,2g gesättigte Fettsäuren 10 g Cholesterin 113,3mg Natrium 96,9mg Kalium 453 mg Gesamtkohlenhydrate 5,9g Ballaststoffe 1,7g Protein 4,6g Gesamtzucker 2,7g

Schinken, Käse & Tomaten-Chaffle Sandwich

Zubereitungszeit: 5 Minuten Kochzeit: 10 Minuten Portionen: 2

Zutaten:

- 1 Teelöffel Olivenöl
- 2 Scheiben Schinken
- 4 einfache Spreuen
- 1 Esslöffel Mayonnaise
- 2 Scheiben Provolone Käse
- 1 Tomate, in Scheiben geschnitten

Anfahrt:

1. Das Olivenöl bei mittlerer Hitze in eine Pfanne geben.
2. Kochen Sie den Schinken für 1 Minute pro Seite.
3. Die Sakel mit Mayonnaise verteilen.
4. Top mit Schinken, Käse und Tomaten.
5. Top mit einer anderen Spreu, um ein Sandwich zu machen.

Ernährung:

Kalorien 198

Gesamtfett 14.7g Gesättigte Fettsäuren 6.3g Cholesterin 37mg Natrium 664mg Gesamtkohlenhydrate 4.6g Ballaststoffe 0.7g Gesamtzucker 1.5g Protein 12.2g Kalium 193mg

Ranch Chaffle

Zubereitungszeit: 5 Minuten Kochzeit: 8 Minuten Portionen: 2

Zutaten:

- 1 Ei
- 1/4 Tasse Hühnerwürfel, gekocht
- 1 Scheibe Speck, gekocht und gehackt
- 1/4 Tasse Cheddar-Käse, geschreddert
- 1 Teelöffel Ranch Dressing Pulver

Anfahrt:

1. Heizen Sie Ihren Waffelmacher vor.
2. In einer Schüssel alle Zutaten mischen.
3. Fügen Sie die Hälfte der Mischung zu Ihrem Waffel-Maker hinzu.
4. Bedecken und kochen für 4 Minuten.
5. Machen Sie die zweite Spreu mit den gleichen Schritten.

Ernährung: Kalorien 200 Gesamtfett 14 g gesättigte Fettsäuren 6 g Cholesterin 129 mg Natrium 463 mg Kalium 130 mg Gesamtkohlenhydrate 2 g Ballaststoffe 1 g Protein 16 g Gesamtzucker 1 g

Brie und Blackberry Chaffles

Zubereitungszeit: 15 Minuten Kochzeit: 36 Minuten Portionen: 4

Zutaten:

Für die Spreuen:

- 2 Eier, geschlagen
- 1 Tasse fein geriebener Mozzarella-Käse

Für das Topping:

- 1 1/2 Tassen Brombeeren
- 1 Zitrone, 1 TL Schale und 2 EL Saft
- 1 EL Erythritol
- 4 Scheiben Brie-Käse

Anfahrt:

Für die Spreuen:

1. Das Waffeleisen vorheizen.
2. In der Zwischenzeit in einer mittleren Schüssel die Eier und Mozzarella-Käse mischen.
3. Öffnen Sie das Eisen, gießen Sie in ein

Viertel der Mischung, decken, und kochen, bis knusprig, 7 Minuten.

4. Entfernen Sie die Waffel auf eine Platte und machen Sie 3 weitere mit dem restlichen Teig.

5. Platte und beiseite stellen.

Für das Topping:

1. Den Ofen auf 350 F vorheizen und ein Backblech mit Pergamentpapier auslegen.

2. In einem mittleren Topf die Brombeeren, Zitronenschale, Zitronensaft und Erythritol hinzufügen. Kochen, bis die Brombeeren brechen und die Sauce verdickt, 5 Minuten. Schalten Sie die Hitze aus.

3. Die Sakel auf dem Backblech anrichten und jeweils zwei Brie-Käsescheiben aufstellen. Mit Brombeermischung auflegen und das Backblech in den Ofen geben.

4. Backen, bis der Käse schmilzt, 2 bis 3 Minuten.

5. Aus dem Ofen nehmen, abkühlen lassen und danach servieren.

Ernährung: Kalorien 576 Fette 42,22g Kohlenhydrate 7,07g Net Carbs 3.67g Protein 42.35g

Chaffled Brownie Sundae

Zubereitungszeit: 12 Minuten Kochzeit: 30 Minuten Portionen: 4

Zutaten:

Für die Spreuen:

- 2 Eier, geschlagen

1 EL ungesüßtes Kakaopulver

1 EL Erythritol

1 Tasse fein geriebener Mozzarella-Käse

Für das Topping:

3 EL ungesüßte Schokolade, Gehackte

3 EL ungesalzene Butter

- 1/2 Tasse Schwenkzucker
- Low-Carb-Eis zum Topping

1 Tasse Schlagsahne zum Topping

3 EL zuckerfreie Karamellsauce

Anfahrt:

Für die Spreuen:

1. Das Waffeleisen vorheizen.

2. In der Zwischenzeit in einer mittleren Schüssel, mischen Sie alle Zutaten für die Waffeln.

3. Öffnen Sie das Eisen, gießen Sie in ein Viertel der Mischung, decken, und kochen, bis knusprig, 7 Minuten.

4. Entfernen Sie die Waffel auf eine Platte und machen Sie 3 weitere mit dem restlichen Teig.

5. Platte und beiseite stellen.

Für das Topping:

In der Zwischenzeit die Schokolade und Butter in einem mittelgroßen Topf mit gelegentliches Rühren, 2 Minuten.

Zu Portionen:

1. Die Waffeln in Keile teilen und mit dem Eis, Schlagsahne überziehen und die Schokoladensauce und Die Karamellsauce darüber wirbeln.

2. Sofort servieren.

Ernährung: Kalorien 165 Fette 11,39g Kohlenhydrate 3,81g Net Carbs 2.91g Protein 12.79g

Creme Käse Chaffle

Zubereitungszeit: 5 Minuten Kochzeit: 8 Minuten Portionen: 2

Zutaten:

- 1 Ei, geschlagen
- 1 Unzen Frischkäse
- 1/2 Teelöffel Vanille
- 4 Teelöffel Süßungsmittel
- 1/4 Teelöffel Backpulver
- Frischkäse

Anfahrt:

1. Heizen Sie Ihren Waffelmacher vor.
2. Fügen Sie alle Zutaten in eine Schüssel.
3. Gut mischen.
4. Gießen Sie die Hälfte des Teigs in den Waffelmacher.
5. Versiegeln Sie das Gerät.
6. Kochen Sie für 4 Minuten.

7. Entfernen Sie die Waffel aus dem Waffelmacher.

8. Machen Sie den zweiten Schritt mit den gleichen Schritten.

9. Restfrischkäse vor dem Servieren aufverteilen.

Ernährung: Kalorien 169 Gesamtfett 14.3g Gesättigte Fettsäuren 7.6g Cholesterin 195mg Natrium 147mg Kalium 222mg Gesamtkohlenhydrate 4g Ballaststoffe 4g Protein 7.7g Gesamtzucker 0.7g

Barbecue Chaffle

Zubereitungszeit: 5 Minuten
Kochzeit: 8 Minuten Portionen: 2

Zutaten:

- 1 Ei, geschlagen
- 1/2 Tasse Cheddar-Käse, geschreddert
- 1/2 Teelöffel Barbecue-Sauce
- 1/4 Teelöffel Backpulver

Anfahrt:

1. Stecken Sie Ihren Waffelmacher ein, um vorzuheizen.
2. Mischen Sie alle Zutaten in einer Schüssel.
3. Gießen Sie die Hälfte der Mischung zu Ihrem Waffel-Hersteller.
4. Bedecken und kochen für 4 Minuten.
5. Wiederholen Sie die gleichen Schritte für die nächste Grill-Spreu.

Ernährung: Kalorien 295 Gesamtfett 23 g gesättigte Fettsäuren 13 g Cholesterin 223 mg Natrium 414 mg Kalium 179 mg Gesamtkohlenhydrate 2 g Ballaststoffe 1 g Protein 20 g Gesamtzucker 1 g

Cremiges Chicken Chaffle Sandwich

Zubereitungszeit: 5 Minuten Kochzeit: 10 Minuten Portionen: 2

Zutaten:

- Kochspray

  1 Tasse Hühnerbrustfilet, gewürfelt
- Salz und Pfeffer nach Geschmack
- 1/4 Tasse Allzweckcreme
- 4 Knoblauch-Sakles
  - Petersilie, gehackt

Anfahrt:

1. Sprühen Sie Ihre Pfanne mit Öl.
2. Legen Sie es bei mittlerer Hitze.
3. Fügen Sie die Hühnerfiletwürfel hinzu.
4. Mit Salz und Pfeffer abschmecken.

5. Reduzieren Sie die Hitze und fügen Sie die Creme hinzu.

6. Hühnermischung auf der Spreuverteilen.

7. Mit Petersilie garnieren und mit einer weiteren Spreubestreuen.

Ernährung: Kalorien 273 Gesamtfett 38.4g gesättigte Fettsäuren 4.1g Cholesterin 62mg Natrium 373mg Gesamtkohlenhydrate 22.5g Ballaststoffe 1.1g Gesamtzucker 3.2g Protein 17.5g Kalium 177mg

Asiatische Blumenkohl-Chaffeln

Zubereitungszeit: 20 Minuten Kochzeit: 28 Minuten Portionen: 4

Zutaten:

Für die Spreuen:

1 Tasse Blumenkohlreis, gedämpft

1 großes Ei, geschlagen

- Salz und frisch gemahlener schwarzer Pfeffer nach Geschmack

1 Tasse fein geriebener Parmesankäse

1 TL Sesamsamen

- 1/4 Tasse gehackte frische Jakobsmuscheln

Für die Tauchsauce:

- 3 EL Kokos-Aminos

1 1/2 EL Schlichtessig

1 TL frisches Ingwerpüree

1 TL frische Knoblauchpaste

3 EL Sesamöl

1 **TL Fischsauce**

1 TL rote **Chiliflocken**

Anfahrt:

1. **Das Waffeleisen vorheizen.**
2. **In einer mittleren Schüssel den Blumenkohlreis, Das Ei, das Salz, den schwarzen Pfeffer und den Parmesan-Käse vermischen.**
3. **Öffnen Sie das Eisen und fügen Sie ein Viertel der Mischung hinzu. Schließen und kochen, bis knusprig, 7 Minuten.**
4. **Die Waffel auf einen Teller** geben und 3 weitere Spreuen auf die gleiche Weise machen.
5. **In der Zwischenzeit die Tauchsauce machen.**
6. **In einer mittelgroßen Schüssel alle Zutaten für die Tauchsauce mischen.**
7. **Die Sakles**auftellern,**mit den Sesamsamen und Jakobsmuscheln garnieren und mit der Tauchsauce servieren.**

Ernährung: Kalorien 231 Fette 18,88g Kohlenhydrate 6,32g Net Carbs 5.42g Protein 9.66g

Hot Dog Chaffles

Zubereitungszeit: 15 Minuten Kochzeit: 14 Minuten Portionen: 2

Zutaten:

- 1 Ei, geschlagen
- 1 Tasse fein geriebener Cheddar-Käse
- 2 Hot Dog Würste, gekocht
- Senf-Dressing zum Topping
- 8 Gurkenscheiben

Anfahrt:

1. Das Waffeleisen vorheizen.
2. In einer mittleren Schüssel das Ei und den Cheddar-Käse mischen.
3. Öffnen Sie das Bügeleisen und fügen Sie die Hälfte der Mischung hinzu. Schließen und kochen, bis knusprig, 7 Minuten.
4. Die Spreu auf einen Teller geben und auf die gleiche Weise eine zweite Spreu machen.
5. Zum Servieren jede Spreu mit einer

Wurst überziehen, das Senfdressing darüber wirbeln und dann die Gurkenscheiben darüber teilen.

6. Genießen!

Ernährung: Kalorien 231 Fette 18,29g Kohlenhydrate 2.8g Net Carbs 2.6g Protein 13.39g

Bruschetta Chaffle

Zubereitungszeit: 5 Minuten Kochzeit: 5 Minuten Portionen: 2

Zutaten:

- 2 einfache Spreuen
- 2 Esslöffel zuckerfreie Marinarasauce
- 2 Esslöffel Mozzarella, geschreddert
- 1 Esslöffel Oliven, in Scheiben geschnitten
- 1 In Scheiben geschnittene Tomate
- 1 Esslöffel Keto freundliche Pestosauce
- Basilikumblätter

Anfahrt:

1. Marinara-Sauce auf jede Spreuverteilen.
2. Pesto löffeln und auf die Marinarasauce verteilen.

3. Top mit der Tomate, Oliven und Mozzarella.

4. Im Ofen 3 Minuten backen oder bis der Käse geschmolzen ist.

5. Mit Basilikum garnieren.

6. Servieren und genießen.

Ernährung: Kalorien 182 Gesamtfett 11g gesättigte Fettsäuren 6.1g Cholesterin 30mg Natrium 508mg Kalium 1mg Gesamtkohlenhydrat e 3.1g Ballaststoffe 1.1g Protein 16.8g Gesamtzucker 1g

Savory Beef Chaffle

Zubereitungszeit: 10 Minuten

Kochzeit: 15 Minuten Portionen: 2

Zutaten:

1 Teelöffel Olivenöl

- 2 Tassen Hackfleisch
- Knoblauchsalz nach Geschmack

1 rote Paprika, in Streifen geschnitten

1 grüne Paprika, in Streifen geschnitten

1 Zwiebel, gehackt

1 Lorbeerblatt

- 2 Knoblauch-Sakles
- Butter

Anfahrt:

1. Legen Sie Ihre Pfanne bei mittlerer Hitze.

2. Fügen Sie das Olivenöl und kochen gemahlenes Rindfleisch bis braun.

3. Mit Knoblauchsalz abschmecken und Lorbeerblatt hinzufügen.

4. Das Fett abtropfen lassen, auf einen Teller geben und beiseite stellen.

5. Entsorgen Sie das Lorbeerblatt.

6. In der gleichen Pfanne die Zwiebeln und Paprika für 2 Minuten kochen.

7. Das Rindfleisch wieder in die Pfanne geben.

8. 1 Minute erhitzen.

9. Butter auf der Spreuverteilen.

10. 1 Fügen Sie das gemahlene Rindfleisch und Gemüse hinzu.

11. 1Roll oder falten Sie die Waffel.

Ernährung: Kalorien 220 Gesamtfett 17.8g gesättigte Fettsäuren 8g Cholesterin 76mg Natrium 60mg Gesamtkohlenhydrate 3g Ballaststoffe 2g Gesamtzucker 5.4g Protein 27.1g Kalium 537mg

Rüben Hash Braun Ekel

Zubereitungszeit: 10 Minuten Kochzeit: 42 Minuten
Portionen: 6

Zutaten:

1 große Rübe, geschält und geschreddert

- 1/2 mittelweiße Zwiebel, gehackt
- 2 Knoblauchzehen, gepresst

1 Tasse fein geriebener Gouda-Käse

- 2 Eier, geschlagen
- Salz und frisch gemahlener schwarzer Pfeffer nach Geschmack

Anfahrt:

1. Die Rüben in eine mittelsichere Mikrowellenschüssel gießen, mit 1 EL Wasser bestreuen und in der Mikrowelle dampfen, bis sie erweicht sind, 1 bis 2 Minuten.
2. Die Schüssel entfernen und die restlichen Zutaten bis auf eine Vierteltasse des Gouda-Käses vermischen.
3. Das Waffeleisen vorheizen.

4. Nach dem Erhitzen öffnen und bestreuen Sie etwas von dem reservierten Käse in das Eisen und oben mit 3 Esslöffel der Mischung. Schließen Sie das Waffeleisen und kochen bis knusprig, 5 Minuten.

5. Öffnen Sie den Deckel, kippen Sie die Waffel und kochen Sie noch 2 Minuten weiter.

6. Die Waffel auf eine Platte nehmen und beiseite stellen.

7. Machen Sie fünf weitere Sohnen mit dem restlichen Teig im gleichen Verhältnis.

8. Abkühlen lassen und danach servieren.

Ernährung: Kalorien 230; Fette 15.85g; Kohlenhydrate 5.01g; Netto Kohlenhydrate 3.51g; Protein 16,57g

Türkei Chaffle Burger

Zubereitungszeit: 10 Minuten Kochzeit: 10 Minuten Portionen: 2

Zutaten:

- 2 Tassen gemahlener Truthahn
- Salz und Pfeffer nach Geschmack
- 1 Esslöffel Olivenöl
- 4 Knoblauch-Sakel
- 1 Tasse Romaine Salat, gehackt
- 1 Tomate, in Scheiben geschnitten
- Mayonnaise
- Ketchup

Anfahrt:

1. Gemahlener Truthahn, Salz und Pfeffer kombinieren. Form 2 dicke Burger Patties.

2. Das Olivenöl bei mittlerer Hitze in eine Pfanne geben.

3. Kochen Sie den Truthahn-Burger, bis er auf beiden Seiten vollständig gekocht ist.

4. Mayo auf der Spreuverteilen.

5. Top mit dem Truthahn-Burger, Salat und Tomaten.

6. Spritzen Sie Ketchup auf der Oberseite vor dem Topping mit einer anderen Spreu.

Ernährung: Kalorien 555 Gesamtfett 21.5g Gesättigte Fettsäuren 3.5g Cholesterin 117mg Natrium 654mg Gesamtkohlenhydrat e 4.1g Ballaststoffe 2.5g Protein 31.7g Gesamtzucker 1g

Ahorn-Chaffle

Zubereitungszeit: 15 Minuten Portionen: 2

Zutaten:

- 1 Ei, leicht geschlagen
- 2 Eiweiße
- 1/2 TL Ahornextrakt

2 TL Swerve

- 1/2 TL Backpulver, glutenfrei
- 2 EL Mandelmilch
- 2 EL Kokosmehl

Anfahrt:

1. Heizen Sie Ihren Waffelmacher vor.
2. In einer Schüssel, Peitsche Eiweiß, bis steife Spitzen bilden.
3. Ahornextrakt, Swerve, Backpulver, Mandelmilch, Kokosmehl und Ei unterrühren.
4. Waffeleisenmiten mit Kochspray sprühen.
5. Gießen Sie den halben Teig in die heiße

Waffel macher und kochen für 3-5 Minuten oder bis goldbraun. Wiederholen Sie dies mit dem restlichen Teig.

6. Servieren und genießen.

Ernährung: Kalorien 122 Fett 6,6 g Kohlenhydrate 9 g Zucker 1 g Protein 7.7 g Cholesterin 82 mg

Keto Schokolade Fudge Chaffle

Zubereitungszeit: 10 Minuten Kochzeit: 14 Minuten Portionen: 2

Zutaten:

- 1 Ei, geschlagen
- 1/4 Tasse fein geriebener Gruyere-Käse
- 2 EL ungesüßtes Kakaopulver
- 1/4 TL Backpulver
- 1/4 TL Vanilleextrakt
- 2 EL Erythritol
- 1 TL Mandelmehl
- 1 TL schwere Schlagsahne
- Eine Prise Salz

Anfahrt:

1. Das Waffeleisen vorheizen.

2. Alle Zutaten in eine mittlere Schüssel geben und gut vermischen.

3. Öffnen Sie das Bügeleisen und fügen Sie die Hälfte der Mischung hinzu. Schließen und kochen, bis goldbraun und knusprig, 7 Minuten.

4. Entfernen Sie die Waffel auf eine Platte und machen Sie eine andere mit dem restlichen Teig.

5. Jede Waffel in Keile schneiden und danach servieren.

Ernährung: Kalorien 173 Fette 13,08g Kohlenhydrate 3,98g Net Carbs 2.28g Protein 12.27g

Savory Gruyere und Chives Chaffles

Zubereitungszeit: 15 Minuten Kochzeit: 14 Minuten Portionen: 2

Zutaten:

- 2 Eier, geschlagen
- 1 Tasse fein geriebener Gruyere-Käse
- 2 EL fein geriebener Cheddar-Käse
- 1/8 TL frisch gemahlener schwarzer Pfeffer
- 3 EL gehackte frische Schnittlauch + mehr zum Garnieren
- 2 Sonnengebratene Eier zum Topping

Anfahrt:

1. Das Waffeleisen vorheizen.
2. In einer mittleren Schüssel die Eier, Käse, schwarzen Pfeffer und Schnittlauch mischen.

3. Öffnen Sie das Eisen und gießen Sie die Hälfte der Mischung ein.

4. Schließen Sie das Bügeleisen und kochen, bis braun und knusprig, 7 Minuten.

5. Die Waffel auf eine Platte nehmen und beiseite stellen.

6. Machen Sie eine weitere Spreu mit der restlichen Mischung.

7. Jede Spreu mit je einem Spiegelei top, mit dem Schnittlauch garnieren und servieren.

Ernährung: Kalorien 712 Fette 41,32g Kohlenhydrate 3,88g Net Carbs 3.78g Protein 23.75g

Frühstück Spinat Ricotta Chaffles

Zubereitungszeit: 10 Minuten Kochzeit: 28 Minuten Portionen: 4

Zutaten:

- 4 oz gefrorener Spinat, aufgetaut, trocken gepresst
- 1 Tasse Ricotta-Käse
- 2 Eier, geschlagen
- 1/2 TL Knoblauchpulver
- 1/4 Tasse fein geriebener Pecorino Romano Käse
- 1/2 Tasse fein geriebener Mozzarella-Käse
- Salz und frisch gemahlener schwarzer Pfeffer nach Geschmack

Anfahrt:

1. Das Waffeleisen vorheizen.
2. In einer mittelgroßen Schüssel alle Zutaten mischen.
3. Das Eisen öffnen, mit Kochspray leicht fetten und in einem Viertel der Mischung löffeln.
4. Schließen Sie das Bügeleisen und kochen, bis braun und knusprig, 7 Minuten.
5. Die Waffel auf eine Platte nehmen und beiseite stellen.
6. Machen Sie drei weitere Skel mit der restlichen Mischung.
7. Abkühlen lassen und danach servieren.

Ernährung: Kalorien 188 Fette 13,15g Kohlenhydrate 5,06g Net Carbs 4.06g Protein 12.79g

Rührei gefüllte Waffeln

Zubereitungszeit: 15 Minuten Kochzeit:
28 Minuten Portionen: 4

Zutaten:

Für die Spreuen:

- 1 Tasse fein geriebener Cheddar-Käse
- 2 Eier, geschlagen

Für die Eifüllung:

- 1 EL Olivenöl
- 4 große Eier
- 1 kleine grüne Paprika, entlüftet und gehackt
- 1 kleine rote Paprika, entlüftet und gehackt
- Salz und frisch gemahlener schwarzer Pfeffer nach Geschmack
- 2 EL geriebener Parmesankäse

Anfahrt:

Für die Spreuen:

1. Das Waffeleisen vorheizen.

2. In einer mittleren Schüssel den Cheddar-Käse und das Ei mischen.

3. Das Bügeleisen öffnen, ein Viertel der Mischung eingießen, schließen und kochen, bis es knusprig ist, 6 bis 7 Minuten.

4. Platte und machen drei weitere Skel mit der restlichen Mischung.

Für die Eifüllung:

1. In der Zwischenzeit das Olivenöl in einer mittleren Pfanne bei mittlerer Hitze auf einem Kochfeld erhitzen.

2. In einer mittleren Schüssel die Eier mit Paprika, Salz, schwarzem Pfeffer und Parmesan-Käse schlagen.

3. Gießen Sie die Mischung in die Pfanne und Scramble, bis auf Ihr Abbild gesetzt, 2 Minuten.

4. Zwischen zwei Sakles,Löffel die Hälfte der Rührei und wiederholen mit dem zweiten Satz von Waffeln.

5. Danach servieren.

Ernährung: Kalorien 387 Fette 22,52g Kohlenhydrate 18,12g Netto Kohlenhydrate 17,52g Protein 27,76g

Zitrone und Paprika-Chaffeln

Zubereitungszeit: 10 Minuten Kochzeit: 28 Minuten Portionen: 4

Zutaten:

- 1 Ei, geschlagen
- 1 oz Frischkäse, weich
- 1/3 Tasse fein geriebener Mozzarella-Käse
- 1 EL Mandelmehl
- 1 TL Butter, geschmolzen
- 1 TL Ahorn (zuckerfreier) Sirup
- 1/2 TL süße Paprika
- 1/2 TL Zitronenextrakt

Anfahrt:

1. Das Waffeleisen vorheizen.

2. Mischen Sie alle Zutaten in einer mittleren Schüssel

3. Öffnen Sie das Eisen und gießen Sie ein Viertel der Mischung. Schließen und kochen, bis knusprig, 7 Minuten.

4. Entfernen Sie die Waffel auf eine Platte und machen Sie 3 weitere mit der restlichen Mischung.

5. Schneiden Sie jede Waffel in Keile, Platte, ermöglichen Kühlung und servieren.

Ernährung: Kalorien 48 Fette 4.22g Kohlenhydrate 0.6g Net Kohlenhydrate 0.5g Protein 2g

Blaukäse-Chaffle-Bisse

Zubereitungszeit: 10 Minuten Kochzeit: 14 Minuten Portionen: 2

Zutaten:

- 1 Ei, geschlagen
- 1/2 Tasse fein geriebener Parmesankäse
- 1/4 Tasse zerbröckelt Blaukäse
- 1 TL Erythritol

Anfahrt:

1. Das Waffeleisen vorheizen.
2. Mischen Sie alle Zutaten in einer Schüssel.
3. Öffnen Sie das Bügeleisen und fügen Sie die Hälfte der Mischung hinzu. Schließen und kochen, bis knusprig, 7 Minuten.
4. Entfernen Sie die Waffel auf eine Platte und machen Sie eine andere mit der restlichen Mischung.

5. **Jede Spreu** in Keile **schneiden** und danach **servieren.**

Ernährung: **Kalorien 196 Fette 13,91g Kohlenhydrate 4,03g Net Carbs 4.03g Protein 13.48g**

Sakel mit Vanillesauce

Servieren: 6-8 Sakel (6-1/2 Zoll).

Zubereitungszeit: 15 Minuten Kochzeit: 30 Minuten

Zutaten

- 1-2/3 Tassen Allzweckmehl
- 4 Teelöffel Backpulver
- 1/2 Teelöffel Salz
- 2 Eier, getrennt
- 3-2/3 Tassen Milch, geteilt
- 6 Esslöffel Rapsöl
- 1/2 Tasse Zucker
- 1 Teelöffel Vanilleextrakt
- 1/2 Tasse Mozzarella-Käse, geschreddert
- Frische Erdbeeren

Richtung

1. In einer Schüssel Mehl, Backpulver und Salz kombinieren. In einer anderen Schüssel Eigelb leicht schlagen. 1-2/3 Tassen Milch und Öl hinzufügen; ins Trockene rühren

   Zutaten nur bis befeuchtet. Legen Sie 1/4 Tasse Teig in einer kleinen Schüssel beiseite. Schlagen Sie Eiweiße, bis sich steife Spitzen bilden; in den verbleibenden Teig falten. Mozzarella-Käse hinzufügen und gut rühren.

2. In einem vorgeheizten Waffeleisen nach Herstelleranweisungen bis goldbraun backen. In einem Topf Zucker und Restmilch erhitzen, bis sie verbrüht sind. Rühren Sie eine kleine Menge in reservierten Teig; alle in die Pfanne zurück. Zum Kochen bringen; 5- 7 Minuten kochen oder verdickt. Von der Hitze entfernen; Vanille hinzufügen und gut mischen (Sauce wird im Stehen verdickt). Über Safran servieren. Top mit Beeren.

Ernährung: Kalorien: 429 Kalorien Gesamtfett: 21g Cholesterin: 91mg Natrium: 558mg Gesamtkohlenhydrate: 50g Protein: 11g Ballaststoffe: 1g

Pecan Kürbis-Chaffle

Zubereitungszeit: 15 Minuten Portionen: 2

Zutaten:

- 1 Ei
- 2 EL Pekannüsse, geröstet und gehackt
- 2 EL Mandelmehl
- 1 TL Erythritol
- 1/4 TL Kürbiskuchen Gewürz
- 1 EL Kürbispüree
- 1/2 Tasse Mozzarella-Käse, gerieben

Anfahrt:

1. Heizen Sie Ihren Waffelmacher vor.
2. Schlagen Sie Ei in einer kleinen Schüssel.
3. Die restlichen Zutaten hinzufügen und gut vermischen.
4. Waffeleisenmiten mit Kochspray sprühen.
5. Gießen Sie den halben Teig in die heiße Waffel macher und kochen für 5 Minuten oder bis goldbraun. Wiederholen Sie dies mit dem restlichen Teig.
6. Servieren und genießen.

Ernährung: Kalorien 121 Fett 9,7 g
Kohlenhydrate 5,7 g Zucker 3,3 g
Protein 6,7 g Cholesterin 86 mg

Gemischte Beeren- Vanille-Chaffeln

Zubereitungszeit: 10 Minuten Kochzeit: 28 Minuten Portionen: 4

Zutaten:

- 1 Ei, geschlagen
- 1/2 Tasse fein geriebener Mozzarella-Käse
- 1 EL Frischkäse, weich
- 1 EL zuckerfreier Ahornsirup
- 2 Erdbeeren, in Scheiben geschnitten
- 2 Himbeeren, Scheiben
- 1/4 TL Brombeerextrakt
- 1/4 TL Vanilleextrakt
- 1/2 Tasse Joghurt zum Servieren

Anfahrt:

1. Das Waffeleisen vorheizen.
2. In einer mittleren Schüssel alle Zutaten außer dem Joghurt mischen.
3. Das Bügeleisen öffnen, mit Kochspray leicht fetten und ein Viertel der Mischung eingießen.
4. Schließen Sie das Bügeleisen und kochen, bis goldbraun und knusprig, 7 Minuten.
5. Die Waffel auf eine Platte nehmen und beiseite stellen.
6. Machen Sie drei weitere Skel mit der restlichen Mischung.
7. Zu Portionen: mit dem Joghurt oben und genießen.

Ernährung: Kalorien 78 Fette 5.29g Kohlenhydrate 3.02g Net Carbs 2.72g Protein 4.32g

Coco-Blueberry Cupcakes

Zubereitungszeit: 10 Minuten

Kochzeit: 25 min Portionen:6

Nährwerte:

- Fett: 30 g.
- Protein: 6 g.
- Kohlenhydrate: 7 g.

Zutaten:

- 1 Tasse Mandelmehl
- 1/2 Tasse Kokosmehl
- 1 EL Flachsmahlzeit
- 1 TL Backpulver
- 1/4 TL Salz
- 1/2 Tasse Erythritol
- 1/3 Tasse Milch
- 2 große Ganze Eier
- 1/2 Tasse Gefrorene Heidelbeeren
- 1/2 Tasse Kokosöl

Wegbeschreibungen:

1. Backofen auf 350F vorheizen.
2. Mandelmehl, Kokosmehl, Backpulver und Salz in einer Schüssel verrühren.
3. Eier, Kokosöl und Erythritol in einer separaten Schüssel schlagen. Nach und nach die Milch einrühren.
4. Die nasse Mischung in die trockenen Zutaten rühren.
5. Falten Sie in den Heidelbeeren.
6. Beschichten Sie eine 6-Loch-Muffinpfanne mit Antihaftspray.
7. Den Teig in die Pfanne geben und 25 Minuten backen.

Choco-Hazelnut Cupcakes

Zubereitungszeit: 10 Minuten

Kochzeit: 25 min Portionen:6

Nährwerte:

- Fett: 29 g.
- Protein: 9 g.
- Kohlenhydrate: 9 g.

- 1.25 Tasse Mandelmehl
- 1/4 Tasse ungesüßtes Kakaopulver
- 1,5 TL Backpulver
- 1/4 TL Salz
- 1/2 Tasse Erythritol
- 1/3 Tasse Milch
- 2 große Ganze Eier
- 1 TL Vanilleextrakt
- 1/3 Tasse Haselnussbutter
- 1/2 Tasse Zuckerfreie Schokoladenchips
- 1/2 Tasse Haselnüsse, gehackt

Wegbeschreibungen:

1. Backofen auf 350F vorheizen.
2. Mandelmehl, Kakaopulver, Backpulver und Salz in einer Schüssel verrühren.
3. Eier, Haselnussbutter, Vanille und Erythritol in einer separaten Schüssel schlagen. Nach und nach die Milch einrühren.
4. Die nasse Mischung in die trockenen Zutaten rühren.
5. Die Schokoladenchips und Haselnüsse einfalten.
6. Beschichten Sie eine 6-Loch-Muffinpfanne mit Antihaftspray.
7. Den Teig in die Pfanne geben und 25 Minuten backen.

Zimt Zucker Cupcakes

- 1,5 Tassen Mandelmehl
- 1,5 TL Backpulver
- 1/4 TL Salz
- 1/2 TL Zimt
- 1/2 Tasse Erythritol
- 1/3 Tasse Milch
- 2 große Ganze Eier
- 1 Stick Butter, weich
- 2 TL Zitronenzest

Zubereitungszeit: 10 Minuten

Kochzeit: 25 min Portionen:6

Nährwerte:

- Fett: 29 g.
- Protein: 8 g.
- Kohlenhydrate: 7 g.

Zutaten:

Wegbeschreibungen:

1. Backofen auf 350F vorheizen.
2. Mandelmehl, Backpulver, Zimt und Salz in einer Schüssel verrühren.
3. Eier, Butter und Erythritol in einer separaten Schüssel schlagen. Nach und nach die Milch einrühren.
4. Die nasse Mischung in die trockenen Zutaten rühren.
5. Beschichten Sie eine 6-Loch-Muffinpfanne mit Antihaftspray.
6. Den Teig in die Pfanne geben und 25 Minuten backen.

Erdbeer-Creme-Käse-Cupcakes

Zutaten:

- 1 Tasse Mandelmehl
- 1 TL Backpulver
- 1/4 TL Salz
- 1/2 Tasse Erythritol
- 1/3 Tasse Milch
- 2 große Ganze Eier
- 1/3 Tasse Cream Cheese, weich
- 1 Tasse Gefrorene Erdbeeren, gewürfelt

Zubereitungszeit: 10 Minuten Kochzeit: 25 min

Portionen:6

Nährwerte:

- Fett: 14 g.
- Protein: 7 g.
- Kohlenhydrate: 9 g.

Wegbeschreibungen:

2. Backofen auf 350F vorheizen.
3. Mandelmehl, Backpulver und Salz in einer Schüssel verrühren.
4. Eier, Erythritol und Frischkäse in einer separaten Schüssel schlagen. Nach und nach die Milch einrühren.
5. Die nasse Mischung in die trockenen Zutaten rühren.
6. In die Erdbeeren falten.
7. Beschichten Sie eine 6-Loch-Muffinpfanne mit Antihaftspray.
8. Den Teig in die Pfanne geben und 25 Minuten backen.

Mango-Cayenne Cupcakes

Zubereitungszeit: 10 Minuten Kochzeit: 25 min

Portionen:6

Nährwerte:

Fett: 25 g.
Protein: 8 g.
Kohlenhydrate: 7 g.

Zutaten:

- 1 Tasse Mandelmehl
- 1/2 Tasse Kokosmehl
- 1 EL Flachsmahlzeit
- 1/2 TL Cayenne
- 1 TL Backpulver
- 1/4 TL Salz
- 1/2 Tasse Erythritol
- 1/3 Tasse Milch
- 2 große Ganze Eier
- 1/2 Tasse Zuckerfreie Mango Gelee
- 1/2 Tasse Butter, aufgeweicht

Wegbeschreibungen:

1. Backofen auf 350F vorheizen.
2. Mandelmehl, Kokosmehl, Backpulver, Flachsmehl, Cayenne und Salz in einer Schüssel verrühren.
3. Eier, Mangogelee, Butter und Erythritol in einer separaten Schüssel schlagen. Nach und nach die Milch einrühren.
4. Die nasse Mischung in die trockenen Zutaten rühren.
5. Beschichten Sie eine 6-Loch-Muffinpfanne mit Antihaftspray.
6. Den Teig in die Pfanne geben und 25 Minuten backen.

Limetten- und Vanille-Cupcakes

Zubereitungszeit: 10

Minuten Kochzeit: 25 min

Portionen:6

Nährwerte:

- Fett: 29 g.
- Protein: 8 g.
- Kohlenhydrate: 7 g.

Zutaten:

- 1,5 Tassen Mandelmehl
- 1,5 TL Backpulver
- 1/4 TL Salz
- 1/2 Tasse Erythritol
- 1/3 Tasse Milch
- 2 große Ganze Eier
- 1 TL Vanilleextrakt
- 1 Stick Butter, weich
- 2 TL Lime Zest

Wegbeschreibungen:

1. Backofen auf 350F vorheizen.
2. Mandelmehl, Backpulver und Salz in einer Schüssel verrühren.
3. Eier, Butter und Erythritol und Vanille in einer separaten Schüssel schlagen. Nach und nach die Milch einrühren.
4. Die nasse Mischung in die trockenen Zutaten rühren.
5. Falten Sie in der Kalkschale.
6. Beschichten Sie eine 6-Loch-Muffinpfanne mit Antihaftspray.
7. Den Teig in die Pfanne geben und 25 Minuten backen.

Chia Schokolade Cupcakes

Zutaten:

- 1,25 Tasse Mandelmehl1/4 Tasse ungesüßtes Kakaopulver
- 1,5 TL Backpulver
- 1/4 TL Salz
- 1/2 Tasse Erythritol
- 1/3 Tasse Milch
- 2 große Ganze Eier
- 1 TL Vanilleextrakt
- 1/2 Tasse Butter
- 1/2 Tasse Zuckerfreie Schokoladenchips
- 2 EL Chia Samen
-

Wegbeschreibungen:

1. Backofen auf 350F vorheizen.
2. Mandelmehl, Kakaopulver, Backpulver und Salz in einer Schüssel verrühren.
3. Eier, Butter, Vanille und Erythritol in einer separaten Schüssel schlagen. Nach und nach die Milch einrühren.
4. Die nasse Mischung in die trockenen Zutaten rühren.
5. Falten Sie in den Schokoladenchips und Chia-Samen.
6. Beschichten Sie eine 6-Loch-Muffinpfanne mit Antihaftspray.
7. Den Teig in die Pfanne geben und 25 Minuten backen.

Zubereitungszeit: 10 Minuten

Kochzeit: 25 min Portionen:6

Nährwerte:

- Fett: 23 g.
- Protein: 8 g.
- Kohlenhydrate: 8 g.

Cheddar und Spinat Cupcakes

Zubereitungszeit: 10 Minuten Kochzeit: 25 min

Portionen:6

Nährwerte:

Fett: 17 g.
Protein: 9 g.
Kohlenhydrate: 5 g.

Zutaten:

- 1 Tasse Mandelmehl
- 1 TL Backpulver
- 1/4 TL Salz
- 1/2 Tasse Erythritol
- 1/3 Tasse Milch
- 2 große Ganze Eier
- 1/3 Tasse Cream Cheese, weich
- 1/2 Tasse Cheddar, geschreddert
- 1/3 Tasse Gefrorener Spinat, aufgetaut und gehackt

Wegbeschreibungen:

1. Backofen auf 350F vorheizen.
2. Mandelmehl, Backpulver und Salz in einer Schüssel verrühren.
3. Eier, Frischkäse und Erythritol in einer separaten Schüssel schlagen. Nach und nach die Milch einrühren.
4. Die nasse Mischung in die trockenen Zutaten rühren.
5. In Cheddar und Spinat falten.
6. Beschichten Sie eine 6-Loch-Muffinpfanne mit Antihaftspray.

Den Teig in die Pfanne geben und 25 Minuten backen.

Keto-Käsebrot

Zutaten:

- 1 Tasse Mandelmehl
- 1 TL Backpulver
- 1/4 TL Salz
- 1/3 Tasse Milch
- 2 große Ganze Eier
- 1/3 Tasse Cream Cheese, weich
- 1/2 Tasse geriebener Parmesan

Zubereitungszeit: 10

Minuten Kochzeit: 25 min

Portionen:6

Nährwerte:

- Fett: 16 g.
- Protein: 9 g.
- Kohlenhydrate: 6 g.

Wegbeschreibungen:

1. Backofen auf 350F vorheizen.
2. Mandelmehl, Backpulver und Salz in einer Schüssel verrühren.
3. Eier und Frischkäse in einer separaten Schüssel schlagen. Nach und nach die Milch einrühren.
4. Die nasse Mischung in die trockenen Zutaten rühren.
5. Falten Sie in den geriebenen Parmesan.
6. Beschichten Sie eine 6-Loch-Muffindose mit Antihaftspray.
7. Den Teig in die Pfanne geben und 25 Minuten backen.

Keto Becher Brot

Zubereitungszeit: 2

min Kochzeit: 2 min

Portionen:1

Nährwerte:

- Fett: 37 g.
- Protein: 15 g.
- Kohlenhydrate: 8 g.

Zutaten:

- 1/3 Tasse Mandelmehl
- 1/2 TL Backpulver
- 1/4 TL Salz
- 1 Ganzes Ei
- 1 EL geschmolzene Butter

Wegbeschreibungen:

1. Mischen Sie alle Zutaten in einem Mikrowellen-sicheren Becher.
2. Mikrowelle für 90 Sekunden.

3. 2 Minuten abkühlen lassen.

Keto Ciabatta

Zutaten:

- 1 Tasse Mandelmehl

Zubereitungszeit: 1 Stunde

Kochzeit: 30 Minuten Portionen:8

Nährwerte:

- Fett: 11 g.
- Protein: 3 g.
- Kohlenhydrate: 4 g.
- 1/4 Tasse Psyllium Husk Pulver
- 1/2 TL Salz
- 1 TL Backpulver
- 3 EL Olivenöl
- 1 TL Ahornsirup
- 1 EL Aktive Trockenhefe
- 1 Tasse Warmwasser
- 1 EL gehackter Rosmarin

Wegbeschreibungen:

1. In einer Schüssel warmes Wasser, Ahornsirup und Hefe unterrühren. Lassen Sie für 10 Minuten.
2. In einer separaten Schüssel Mandelmehl, Psylliumschalenpulver, Salz, gehackten Rosmarin und Backpulver zusammenrühren.
3. Die Olivenöl- und Hefemischung in die trockenen Zutaten einrühren, bis sich ein glatter Teig bildet.
4. Kneten Sie den Teig, bis er glatt ist.
5. Den Teig in 2 teilen und in Brötchen formen.
6. Legen Sie beide Brötchen auf ein mit Pergament ausgekleidetes Backblech. Lassen Sie für eine Stunde zu steigen.
7. Backen Sie für 30 Minuten bei 380F.

1.

Schokolade Muffins

Servieren: 10 Muffins

Portionen: 10 Muffins Nährwerte: Kalorien:

168,8,

Gesamtfett: 13,2 g, gesättigte Fettsäuren: 1,9 g,

Kohlenhydrate: 19,6 g,

Zucker: 0,7 g,

Protein: 6,1 g

- Zutaten:
- 2 TL Tartarcreme
- 1/2 Tasse Erythritol
- 1 TL Zimt
- Kokosöl, zum Schmieren

Nasse Zutaten:

- 2 oz Medium Avocados, geschält und entert
- 4 Eier
- 15-20 Tropfen Stevia Tropfen

- 2 EL Kokosmilch

Trockene Zutaten:

- 1 Tasse Mandelmehl
- 1/3 Tasse Kokosmehl
- 1/2 Tasse Kakaopulver
- 1 TL Backpulver

Wegbeschreibungen:

1. Heizen Sie Ihren Ofen auf 350F / 175C vor. Fetten Sie Muffintassen mit Kokosöl und feinen Sie Ihre Muffindose.
2. Fügen Sie die Avocados zu Ihrem Küchenprozessor und Puls, bis glatt. Fügen Sie die nassen Zutaten, Puls zu kombinieren, bis gut integriert.
3. Kombinieren Sie die trockenen Zutaten und fügen Sie den Lebensmittelprozess und Puls zu kombinieren und gießen Sie den Teig in Ihre Muffindose.
4. Im vorgeheizten Ofen ca. 20-25 Minuten backen.
5. Nach dem Knuspern und Gebacken aus dem Ofen nehmen und vor dem Servieren abkühlen lassen.

Rye Crackers

Zutaten:

- 1 Tasse Roggenmehl
- 2/3 Tasse Kleie
- 2 TL Backpulver
- 3 EL Pflanzenöl
- 1 TL flüssiger Malzextrakt
- 1 TL Apfelessig
- 1 Tasse Wasser
- Salz nach Geschmack

Vorbereitungszeit: 10 Minuten

- Kochzeit: 15 Minuten
- Portionen: 10

Nährwerte:

- Kalorien 80
- Karben insgesamt 10,4 g
- Protein 1,1 g
- Gesamtfett 4,3 g

Wegbeschreibungen:

1. Mehl mit Kleie, Backpulver und Salz kombinieren.
2. Öl, Essig und Malzextrakt eingießen. Gut mischen.
3. Kneten Sie den Teig, nach und nach das Wasser hinzufügen.
4. Teilen Sie den Teig in 2 Teile und rollen Sie ihn mit einem Etwa 0,1 Zoll dicken Nudelholz aus.
5. Schneiden Sie (mit einem Messer oder Ausstecher) die Cracker von quadratischer oder rechteckiger Form aus.
6. Ein Backblech mit Pergamentpapier auslegen und die Cracker darauf legen
7. Bei 390°F 12 bis 15 Minuten backen.

Cracker mit Flachssamen

Zutaten:

- 2 EL Leinsamen
- 1/3 Tasse Milch
- 2 EL Kokosöl
- 1 Tasse Kokosmehl
- 1/2 TL Backpulver
- 1 TL Erythritol

Vorbereitungszeit: 20 Minuten

Nährwerte:

- Kochzeit: 20 Minuten
- Portionen: 10 .
- Kalorien 104
- Karben insgesamt 10,8 g
- Protein 3 g
- Gesamtfett 5,9 g

Wegbeschreibungen:

1. Mehl mit Backpulver, Erythritol und Leinsamen kombinieren.
2. Nach und nach Milch und Öl hinzufügen und den Teig kneten.
3. Den Teig in Plastikfolie wickeln und 15 Minuten in den Kühlschrank stellen.
4. Teilen Sie den Teig in 2 Teile und rollen Sie ihn mit einem Etwa 0,1 Zoll dicken Nudelholz aus.
5. Dreiecke ausschneiden.
6. Ein Backblech mit Pergamentpapier auslegen und die Cracker darauf legen.
7. Bei 390°F 20 Minuten backen.

Keto Blender Buns

Zubereitungszeit: 5

Minuten Kochzeit: 25 min

Portionen:6

Nährwerte:

- Fett: 18 g.
- Protein: 8 g.
- Kohlenhydrate: 2 g.

Zutaten:

- 4 Ganze Eier
- 1/4 Tasse geschmolzene Butter
- 1/2 TL Salz
- 1/2 Tasse Mandelmehl
- 1 TL Italienischer Gewürzmix

Wegbeschreibungen:

1. Backofen auf 425F vorheizen.
2. Pulsieren Sie alle Zutaten in einem Mixer.
3. Teig in eine 6-Loch-Muffindose teilen.
4. 25 Minuten backen.

CPSIA information can be obtained
at www.ICGtesting.com
Printed in the USA
LVHW050100210521
688045LV00011B/699